PS Guilliem
Arde Patria
Buenos Aires Poetry, 2025
66 pp.; 13,34 cm x 20,32 cm.
ISBN 978-631-6688-03-3
Poesía México.

©PS GUILLIEM

Reservados todos los derechos

Primera edición

Editorial Buenos Aires Poetry

Colección Pippa Passes

Diseño editorial: Camila Evia

Fotografía de portada: PS Guilliem

BUENOS AIRES POETRY

BUENOS AIRES POETRY
editorial@buenosairespoetry.com
www.editorialbuenosairespoetry.com

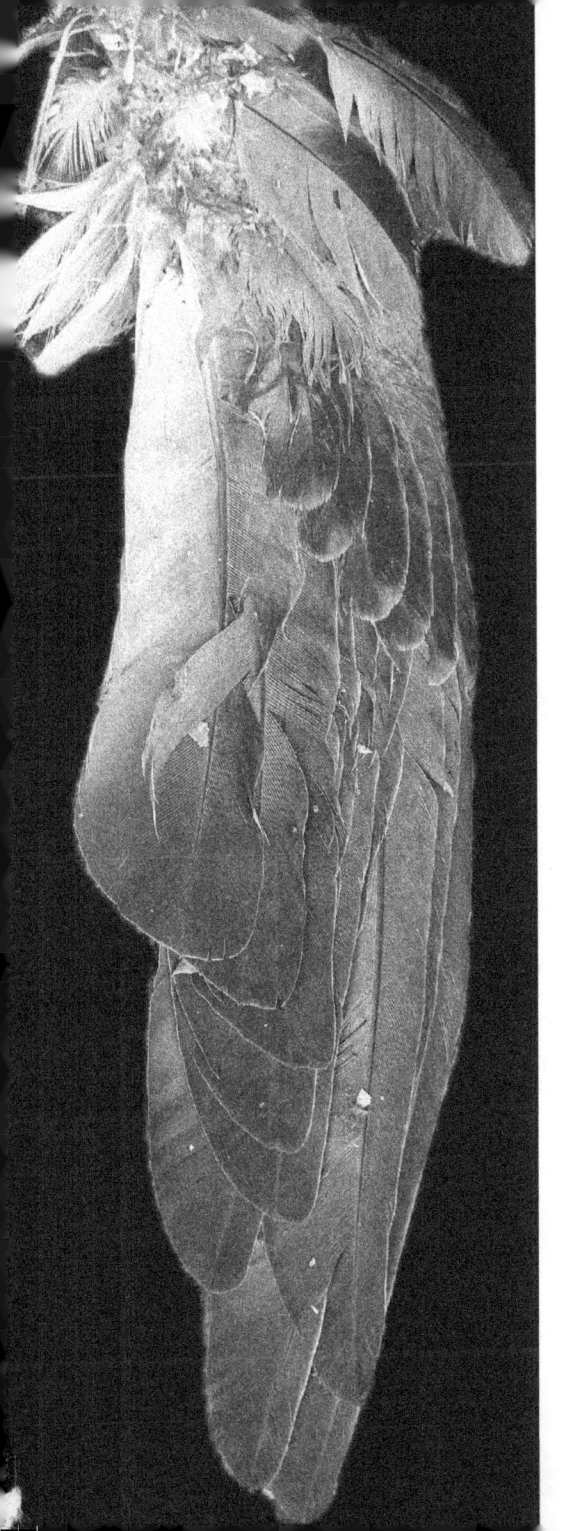

Arde Patria

PS Guilliem

**BUENOS
AIRES
POETRY**

**PIPPA
PASSES**

p. 11	Las veo bailar bajo la lluvia de piedras
p. 13	En un balcón con las luces apagadas
p. 14	Por la curvatura de tus nalgas existo
p. 15	Así empezó Acapulco
p. 16	San José del Cabo
p. 17	No tenemos ni un pedazo de tierra
p. 18	El aire me dicta al oído sus métodos creativos
p. 19	Quiero hablar del color verde
p. 20	Mis raices abrevan de la intolerancia del abuelo
p. 21	El día de mi nacimiento se debieron levantar los puentes
p. 22	Camino: Dos puntos de luz que se alejan
p. 24	Habitamos un continente desparramado
p. 26	A los nueve vi morir a mi padre
p. 27	Anoche bailamos
p. 28	Nací dividiendo
p. 29	JM
p. 31	He probado tu carne
p. 32	Nadie debió llevarme a la escuela
p. 33	No lo recuerdo
p. 34	Cuánta nostalgia se acumula en una perra
p. 35	¡Abuela!
p. 36	Para inventar las fiestas septembrinas
p. 38	Tenía las cejas marcadas por su tierra
p. 39	Juguete y carnada

p. 40	He bailado en el pacífico
p. 41	¡Qué chula es Puebla!
p. 42	Patria vieja
p. 43	Con los pies a la sombra de mi figura
p. 44	Esta tierra es un tzompantli hermoso
p. 45	Hay un momento del día en el que me derrito
p. 47	Labro un cuadro de casi perfectas líneas rectas
p. 48	Líneas rectas mi camino
p. 50	El rayo lo ilumina todo cuando se hace de rabia
p. 51	Bárbara del norte
p. 52	La única democracia es a mano alzada
p. 53	Recuerdo la peste que persiguió la muerte
p. 54	Cuántas veces has creído triunfar
p. 55	Hay días que, en el arqueo de mi espalda
p. 56	Trinan hasta llenar del color de la vida
p. 57	Sendero de chiles secos
p. 58	Vivo bajo las estrellas
p. 60	Ellos, lo correcto
p. 61	Poco pasa en la neutralidad del sosiego
p. 62	La patria no es una madre
p. 65	Sobre el autor

Arde Patria

※

PS Guilliem

A Lya y Salvador

Despedida
Todos nos fuimos, muy rotos.

Las veo bailar bajo la lluvia de piedras
sonríen con los cabellos agitados
corren en la grava
son felices bajo el fuego
      son el fuego
      son el hambre
lo derriten todo
      llamas de soplete

Arden

Tomo la rabia paciente
que me habita en el intestino
¡Bailo!
Me lleno la boca con su sangre
cunde el sabor a plomo sobre mi lengua

En mis pasos arde la rabia
Ardo con ella
¡Gruñe mí nombre!

Soy sus ojos metidos en los míos
con el corazón en baile epiléptico
Del cuerpo me quedan cenizas

No me miran
no saben de mi rabia o mi locura
Admiro su fuerza
sus músculos contritos

las quijadas tensas
la gasolina en sus manos

Están ahí
frente a mí
perseguidas por los perros

Les cuido las espaldas

En un balcón con las luces apagadas
Mi voz está hecha de tristezas ajenas

Trato de huir de una habitación con la televisión prendida
Me envuelve el cielo marino que se va apagando
      siento el vaivén del acuario del mundo

En cada silencio escucho el salto de las ballenas
No las vi
¡98 dólares!,
la tercera parte de mi sueldo
gas, luz, agua, transporte   comida   ropa   techo
      sustento

Sobrevivir

He viajado gratis
uno de los mejores 500 empleados del año

Sé que las ballenas vienen para aprender a volar
yo he venido a leer a poetas yugoslavos
a convivir con autómatas
      a alcoholizarme
para celebrar que me vendí

Por la curvatura de tus nalgas existo
aparece lánguido verso en un papel

Tras de mí canta un bárbaro
reconocemos en la espuma la angustia del otro

Otra cerveza y te haces nítida
otra cerveza y canta la rabia
nos hermanan las babas sonoras del alcohol

Uñas negras y evanescentes rascan las cuerdas
sus ojos son vidrio muerto

de mi bolígrafo brotan cucarachas
moscas
burbujas del tarro del amor

Olvidamos tonadas y letras
hipnotizados terminamos con una tibia caguama
La necedad nos ha dado el pretexto para morir en la raya

abrazados al cochambre
exiliados de cualquier sueño
vomitamos frente al sol

Así empezó Acapulco (me recita el mesero)
tirando cabezas
Así empezó Manzanillo (cuenta la cocinera)
rafagueado

¿A dónde nos hacemos ahora?
¿A dónde nos iremos si ya nos fuimos?

Escucho ya sin lágrimas
como spondylus que El Niño trasplanta
llevaré el mensaje de los muertos que ya vienen
                              por todos nosotros

San José del Cabo
 }

Veo planear una gaviota
{
Sólo una gaviota en el aire
 }
 {

 }

Tampoco para ella existo

No tenemos ni un pedazo de tierra
el derecho de pernada lo tomó todo

Mientras cantaba con orgullo a un trapo
me boleaba los zapatos
y me peinaba con limón
        se lo llevaron todo

En el ombligo del universo
toda la raza de bronce descalza y condenada a muerte
del Grijalba al Bravo
mueve la maquinaria que nos mutila
descalza y fusilada
orgullosa de su nación.

El aire me dicta al oído sus métodos creativos
abro mis brazos
siento la expansión de mi plexo solar
broto desde mi centro
Mi espina se hace torbellino

Oaxaca y sus besos
      de lengua

Quiero hablar del color verde
de las manzanas verdes
antes de ser cortadas
y de su aroma
sobre todo
de su aroma
luego rezar por su corazón mordido
                                                      destruido
                  desechado

Mis raíces abrevan de la intolerancia del abuelo
en su máquina de escribir
en sus ojos multicolores
en las palizas a sus hijos
Se nutren del inmovilismo de su mujer
de su inutilidad
de su cariño torcido
de las carencias de su prole

Su sexta hija es mi madre
de ella aprendí y de los otros siete
de mi madre la furia
por los otros, el asco

Por ellos seguimos peregrinos
por sus hijos terminamos incompletos
transitando en el tiempo para salvarnos

Fuimos salvajes los nietos
felices a sus espaldas
las penúltimas letras de un sucio crucigrama
niños buscando en lotes baldíos la sustancia de sus padres
pero eran polvo
despedazados

Nosotros siempre lejos
muy lejos
persiguiendo mariposas
y sus besos

El día de mi nacimiento se debieron levantar los puentes
Sólo entrada y salida en barcos
Los invitados
filibusteros y navegantes

Como soy hombre debí buscar a los piratas, corsarios y bucaneros
para escupirles a la cara
provocar sus cantos borrachos
pelear con ellos

Borrachos como yo
que nací en tierra firme
en la soledad de mis padres comiendo pollo hervido toda la semana
que muero lento
en el oleaje podrido
de una silla con rueditas

Camino: Dos puntos de luz que se alejan

Lucho contra la montaña
Piedra sobre piedra
sobre piedras
que me hacían caer
Lucho por la cumbre de mi tesoro de grava
por domar el volcán

Bajo esas colinas
formadas por tonelada y media de cuevas de arañas
se alza el templo para sacrificar chapulines

En cuclillas peleo por sostenerme
El espíritu de los bichos se fuga por el aire
(aún me visitan sacudiendo los vellos de mis infinitos brazos)
pero la piedad no tiene infancia

La misericordia viene con la edad
con los ojos de profunda mirada
y con la culpa

Compación que explota
dentro de un frasco lleno de insectos
pólvora que los hace viento

Lucha el chapulín
Cambia de color según el mes
según el pasto

según la temperatura del fuego
Yo los amaba
ellos se cagaban en mi mano
(marca indeleble del miedo primordial)

La isla de los sacrificios no aceptaba chapulines cagones
manumitidos marchaban con sus patas de alambre
Hoy la brisa me acecha de nuevo la piel
y los grillos me reclaman

Hoy me sostengo y grito pidiendo a los monstruos piedad
las cucarachas de ojos planos juegan conmigo
Lucho aún por mantener el equilibrio
pero la piedad no habita en ellas que viven tres semanas
tal vez tres meses   o quizá   también
como el asco que provoco
son eternas

Habitamos un continente desparramado
embestimos sus fronteras
fuimos maleza en expansión

Era nuestro su viento
nuestras sus lluvias y granizos
nuestra su tierra
fue nuestra por el fuego

Fuimos cinco asesinos
caminamos sobre hierros vencidos por el tiempo
Hicimos brechas
hormigas cabezonas
óxido que todo traga

Fuimos pequeños monstruos errantes
niños con la muerte a la vanguardia

Perseguimos animales con la hoz
nos hicimos plaga
azote de nuestra patria inventada
de nuestra tierra baldía
de nuestra playa sin mar

Conocimos el miedo bajo el llanto de un pirul
ocultos
Recuperamos el valor esquivando piedras
asaltamos los ciruelos, nísperos y capulines

quedaron cenizas tras nuestros pasos
perseguidos por aquél que le decían patriarca

A los nueve vi morir a mi padre
con los ojos hundidos
en fuga
tras la respiración de mi abuelo
y mi abuelo que apenas rasgaba con dolor el aire

Vi a mi padre cargar a su padre
a un hombre demolido
a un carpintero agotado

Conocí el color del cactus marchito
la traición de los viejos
el dolor en las sombras

Vi a mi padre morir en la muerte de mi abuelo
también morí un poco
Hoy ejercito mis brazos
los hago poderosos
para el día en que sólo yo sostenga

                                                           su última respiración

Anoche bailamos
¿toqué tus nalgas?
invasión del perfume
tu rastro en mis dedos

Hasta ahí la memoria

¿Bailamos?

Después la neblina
el sabor a centavo
las costras en los puños
               el sonido sin eco

Resquebrajado está mi relato
mis ojos ante el vacío
y marcada mi frente en la explosión de un espejo

Nací dividiendo
cenit de todo
carencia constante
      +grieta que despedaza

Sobresalgo
      soy un error
la marca del accidente

Engordo
soy una falla
costra descuidada que nunca curó del todo

Peripecia sin desenlace
el justo centro

Sigo contigo
arando tu tierra
marcando tus ruinas

JM

Juanita Muñones es líder de una banda
Juanita Muñones es una salvaje asesina
Juanita Muñones siempre se sale con la suya
Juanita Muñones hierbera infalible

Ama como nadie
la fuerza de su cuerpo es inmensa
Su esquirt es una carcher
La falta de miembros la hizo enérgica
musculosa como un cocodrilo
su espalda es tan fuerte como una planicie con cinco tornados

Juanita Muñones es apodada la aspiradora
Juanita Muñones aprendió a defenderse
a no tener amos
A Juanita Muñones no le importa el precio de su libertad
nunca ha fingido un orgasmo
y nunca se ha embarazado.
Juanita Muñones quiere como los pitbull a los niños

Juanita Muñones nació perdiéndolo todo
pero nunca ha perdido una apuesta
en la pérdida encontró su erotismo

Juanita Muñones es un incendio
Juanita Muñones se masturba con las columnas de su casa

dice que el día del gran terremoto las columnas estarán preparadas
                              |para aguantarlo todo
Juanita muñones odia lo que escribo de ella

Juanita Muñones, si pudiera, me abrazaría.

He probado tu carne, cocodrila
Tu carne hecha del rebote de la lluvia
del sabor del agua reventándose en tierra fértil
de pequeños corazones que flotan
              y se condensan en el pasto bajo el sol

he probado tu fermento

Tu piel
olivas, esmeraldas, tréboles, hojas de albahaca y menta, algas,
                                                  |musgos;
tu piel, escamas
matriz de mis voracidades

Tus pasos exploran el camino
asaltan en tierra
atacan en agua
sitian,
        envuelven,
                acechan
Tus pasos, leves marcas
muescas de tu paso por mi tiempo

Nadie debió llevarme a la escuela
para que una mujer me enseñara a escribir
No debí entender la diferencia entre consonantes y vocales
ni que en los alfabetos se ocultan todos los riesgos posibles.

Debí arrojar todos mis cuadernos a la fogata de fin de año
con las malas experiencias y los sueños frustrados

Ninguna maestra debió enseñarme a escribir
porque comencé a habitar el asombro
y el dolor
que traen las fracturas expuestas

No debió hablarme de historia
retarme a edificar un cuento
explicarme los tres actos
invitarme a su viaje

Nunca debió hablarme de personajes, deseos y obstáculos
ni de ritmo, musicalidad y potencia
porque, aunque no entienda cómo, siempre lo busco

Quien tenga un niño en sus manos
no le enseñe a escribir
no le hable de las peripecias que contiene el alfabeto
no le lea poemas y mucho menos deje que los descubra
a menos que quiera verlo morir abismado
en la noche de su propio centro

No lo recuerdo
Sé que entendía el significado de cada letra
    su sonido

La repetición se convoca
Las voces unidas en a, e, i, o, u
unión de cuarentaidós vocecitas,
El número de compañeros lo sé, cuarentaiuno,
El nombre de muchos de ellos:
Adelina, Pedro, Yuridia, Marisol, Jonatan, Arturo
y el de la maestra, Esperancita
Su voz más grande que ella y su risa abundante
La repetición y la enseñancita.

Luego de ese hueco viene el verdadero primer recuerdo
Escritura en pequeñísimas letras
grupos de miniaturas que contenían sensaciones
muchos desahogos
Escribir en letras diminutas desahogos
Letras que hicieron nudos que todavía no puedo deshacer

Cuánta nostalgia se acumula en una perra
de ocho tetas y ladridos como alardes.
La miro,
enseña a sus crías como sobrevivir cerca del hombre,
cerquita y sin perderlo de vista
para recibir la basura que escupe pedante,
disfrazado de bondadoso.

Aquella perra me recuerda a una mujer envejecida
que conocí ya sin dientes,
que los sábados nos hacía tacos rellenos de nada
y que cuando su amo estaba por morir lo cuidó,
lo bañó
y se quedó a su lado muy cerca,
dándole sus despojos masticados como papilla.

¡Abuela!
Arriba de ti está un avión Thunderbolt
rayo que debió caer en Filipinas
que debió caer entre tus piernas
entre aquellas carnes firmes de casi dieciocho años
carnazas que mi abuelo intuyó herederas
que heredaron casi nada
sólo cegueras de ojos izquierdos
y violencia entre hermanos

Abuela
¿Escuchas el motor del avión y se te mojan los calzones?
¿O tan sólo tus ojos?

Doblaste camisas almidonadas
Palmeaste los ciento treintaicinco sopes del algún buen domingo
las salsas que repiten el ciclo de tus ojos en los ojos de tus hijos
de tus nietos,
de tus bisnietos,
de tu nueva tataranieta.
Abuela,
preferiste al tipo sin alas que arrancaba alas,
pero que se quedó inmóvil junto a ti,
sin bombas,
sólo cataclismos.

Para inventar las fiestas septembrinas
uno se ató la bandera y saltó salvando el honor de un trapo
Otro, con una lápida en el lomo hizo explotar la puerta de los
|malvados iguales
A uno más le decían puto
en esta tierra que lo mismo golpea que desea
para hoy cantarlo con emoción

Así fue uno
fueron cuarenta y seis
son cuarenta y tres

Se levanta en un mástil
¡Es un ahorcado!
Mañana un cuerpo desmembrado con asombrosa voluptuosidad
pasado cualquier niña arrebatada a su paz

Gritar: ¡GuerraGuerra! hoy es terrorismo
Mientras el dedo del tal Dios lo tenemos haciéndonos circulitos
|en el ano
la ficción ha ganado
y hace bukakes sobre cada centro de batalla
al tiempo que nos vemos blancos
machos
güeros
aguantando la del estribo

Pero la realidad no se doma
nos envuelve como mar de fondo y nos escupe kilómetros adentro
en la oscuridad de una patria que nació muerta

Tenía las cejas marcadas por su tierra
Jalisco, gritaban
Sonreía y trabajaba
Trabajaba por su hija de casi veinte años
para que dedicara su tiempo a la escuela.
Ella, una mujer con 36 duros años a cuestas
sonreía y trabajaba
regalaba conversaciones a todos

Pedía que su hija no la hiciera abuela
que mejor conociera el cosmos de arcoíris y soles
y no al puto mundo que ella conoció
aquel que la escupió con la marea
en una playa podrida llena de gringos

Todas las tardes se llamaban
la madre le describía el mundo edulcorado de cada turista con
                                      |quien hablaba
sonreía, hablaba y trabajaba
le decía sus nombres

De mí, chilango cualquiera, esa tarde no habló

Juguete y carnada
hace que levante la mirada del piso que lo sostiene

Inquietante es su luz
crótalo y campanadas
aviso para que escape
llamada para que acuda

Playa y oleaje
parpadeos dentro de un sueño recurrente
verso taquimecanografiado
que no escribiré

He bailado en el pacífico
orinado sus playas
escupido en su arena
no le mostré el respeto que se merece

Hoy
con los ojos podridos
intoxicado por una barra libre interminable
pienso en sus hombres y en sus fuertes mujeres
en los millares que dejaron de estar
que se sublimaron al oeste de mi país
de este país que nos volvió servicio
desechables
sombras que se difuminaron
líquidos disueltos en la gran ola de sangre que moja los pies

He llorado por primera vez en el Pac`ífico
por los que sólo nacieron
                            para morir en él

¡Qué chula es Puebla!
¡Cómeme el camote mientras entonas cantatas!
El gorgoreo sacro me atrapará
será lo más cercano que estaré del barroco
de la ciudad de los ángeles
                      de las obras de Bach

Patria vieja
bukake de los caudillos
semen y sangre molcajeteados
salsa borracha
abrasada
sangre que empapa el cielito lindo
que nunca existió

Con los pies a la sombra de mi figura
hundiéndose bajo cristales
(arena sepultando mis raíces)
siento el latir de la tarde mientras inicia su incendio
palpita dentro de mis ojos
los hace parte de su hoguera

Esta tierra es un tzompantli hermoso
chorreante
con cráneos donde todavía florecen cabellos como gusanos
bañada por la sangre de una Coyolxauhqui diferente cada
                                                       |cuatro horas
macerada en serenatas de huitzilopochtlis matando por una
                                                       |pinche plaza

Xipe Tótec buscando abrigos para renacer

Hay un momento del día en el que me derrito
que paso de sólido a música
que empapo paredes y techos
para aglutinarme en gota suicida

Caigo para reventar libre
tropical
vaporoso

El punto de fusión es mi felicidad
expansión de calor
sin ángulos rectos me desparramo

Es la manumisión de mi ser más enterrado
la fuga de mis escombros
magma tomando el lugar de las montañas
rio desmadrado que arrasa toda orilla
mercurio al tacto
No hay respiración
Dejo de existir en cada parte de mi cuerpo
Soy desmembrado y turbio
brisa de huracán
Coyolxauhqui en el subsuelo
manantial
ojo de buey
cenote
y soy mancha de vino
saliva durante un beso
espuma de Ceres

Pasa el segundo y me cuajo en concreto
regreso a ser el número 43562088
inventario de oficina

No me pega ni el sol ni el viento

Labro un cuadro de casi perfectas líneas rectas
Soy el segundero de un corazón oxidado
No hay minutero
nadie marca las horas

No existe comienzo
soy una frecuencia rítmica
arrítmica
rítmica

Camino en una marcha belicosa que celebra la muerte
Soy un engrane
la maquinaria olvidada
terco tesón

Soy los tambores que mueven tus pupilas
de tus entrañas el aceite viscoso
lenguas y larvas
ronroneo que arranca los labios

Tiempo que late
y nunca termina.

Líneas rectas mi camino
perpendiculares   paralelas angulosas
     rectángulos eternos
ejes cartesianos   punto de fuga

Cruzo la ruta de otros [Parpadeos]
el carnicero tiempo se encarga de abrirme paso con su cuchillo
                                              | taquero
un solo corte es suficiente [Parpadeos]

No veo volar a los salmones matizados de arcoíris a mi lado
                                              | [Parpadeos]
Me enfrento al espeso mercurio de las horas
a los discursos apagados
[silencio oscuro]
Una cadena de sismos ocurre [Parpadeos]
mientras mis pies se dividen exponencialmente atacando la tierra
                                              | [Parpadeos]
Mártires de mi tiempo se suceden una a una [Parpadeos]
sobre mis palmas la piel sublimaron
huyeron hasta condensarse en el ilimitado cielo del olvido
hasta poder regresar en dulce tromba sobre mi soledad [Parpadeos]
Me licuo entre ellas
somos otra vez lo mismo
bolo alimenticio en la fábrica de baba del rumiante que algunos
                                        | llaman Dios [Parpadeos]
me escurro entre sus labios negro
caigo de nuevo a las dos dimensiones
[silencio oscuro]

Vivo en una carrera [Parpadeos] sin obstáculos
sin cuerdas flojas
sin desfiladeros
ni alas [Parpadeos]
sin esquivar cazadores [Parpadeos]
vivo una carrera de salchichas del 7-eleven
suspirando en la soledad tibia de la parrilla

El rayo lo ilumina todo cuando se hace de rabia
(la concupiscencia de dios)
retumba en los bosques de asustados animales
deja su marca en los ahuehuetes de noches tristes
arrasa más que la tierra
electrocuta el instante
                        mata coagulando la sangre

El relámpago sucede
                        después castiga
como tú lengua sobre la mía

Después lineal sigue su noche
                        como la noche sobre mi vida

Bárbara del norte

Largas lanzas negras son imanes para locos
locos de cabellos encebollados
locos que inhalan locomotoras por la nariz
locos con fe materialista que lo mismo cazan tempestades
que mariposas

Largas lanzas que apuntan hacia el cielo plano
lanzas negras que acuchillan mi tedio

¿Son la marca de la gran chichimeca?
¿Lo serán los grandes ojos que protegen?
¿Lo será tu peregrinación?

La única democracia es a mano alzada
así como me masturbo
con la derecha sobando los huevos
y la izquierda siempre a la vanguardia

Recuerdo la peste que persiguió la muerte
Inmediata
del primer hombre que me habitó

Mejor ser cometa
(Piedra que arde en movimiento)

Un sueño

Cuántas veces has creído triunfar
sólo para subir a lo más alto del podio
y luego ondear tu hermosa bandera
(Reflejos Brillantes
      ráfagas de viento patrio)
Orgulloso
      fatuo
           arrogante
desparramando papiloma asesino
¿Eh
      mexicano?

Hay días que, en el arqueo de mi espalda
en su pronunciada resbaladilla
se aglutinan los recuerdos atropellados de lo que dicen que fuiste
batallitas inflamadas de la nostalgia

Hundo la mirada en mi pecho profundo
Mientras se me caen los suspiros

Las mentiras raptaron aquellos años
pero trajeron la belleza del incendio
que devasta el futuro que no tendremos

Hay veces que me yergo guiado por el aire
siento el caer de las malditas lapas
y crujo como carbón
        sacrificándose en el fuego.

Trinan hasta llenar del color de la vida
Me baño en sus cantos tumultuosos, perfectos
Chubascos sin ritmo que alimentan

Suculentas, hules, plátanos me abrazan
Siento la temperatura del amor
Cada mañana es perfecta

Todos los poetas ya pueden morir
Falsos naguales, deben morir
Dejar libre el viento al sueño de las aves

Sendero de chiles secos

barro negro, barro rojo

chocolate, xoconostle

lluvia de limones bajo el sol

nopal con su fruta perfecta

para esta tierra

trópico, kilos de mota, canción

llanto de madre que no podrán arrullar

de nuevo

el cuerpo descuartizado de su último hijo

Vivo bajo las estrellas
no las conozco

En mi país se sueña con ellas
dueñas por la fuerza del significado
imperio de titileos

Bajo las estrellas
        aves carroñeras vuelan tras sus marcas celestes
bajo su designio
        amedrentan plagian muerden triturar
                                        arrancan
han borrado hasta las huellas del sendero que caminamos

Vuelan sobre los catorce mares
para dejar caer almas anidadas en bloques de cemento
almas transmutadas en cadáveres

Vivo bajo las estrellas
        sin alas
        ni plumas
        ni pellejo que me proteja
con la espina dorsal crispada
telúrica
ensangrentada

Vivo capturado y desaparecido

Vivo bajo las estrellas
bajo su suela

Soy una mina terrestre
soy la montaña
        pandilla repatriada al hogar desconocido
la memoria del dolor

Vivo bajo las estrellas
        viéndolas caer
paracaidistas de la muerte
siento el tremor de toda américa latina
Flotan
dianas de feria

Vivo bajo las estrellas
les apunto con el fusil de la historia.

Ellos, lo correcto

Nosotros, los equivocados

Ellos, los del casi derecho divino

Nosotros, los obligados a obedecer su casi derecho divino

Ellos, los guillotinados

Nosotros, su muerte

Poco pasa en la neutralidad del sosiego
muerde con sus encías calvas
      firme e impasible

Molcajete

Muerde como hambriento anciano desdentado
estruja
      prensa
            machaca
Empieza de nuevo
      pero no me deglute

Poco pasa en la habitación de la nada

La patria no es una madre
es un arma que apunta al cielo
> flema + gravedad <
Es Dios Padre usando tacones a escondidas
/nadie puede verlo romper|
　　　　　　　　　　　　|sus mandamientos/
Dios Padre bajo un burka dentro de casa, oculto
(encerrado bajo los límites de su miedo)
apuntando con un misil al más adelantado de sus apóstoles
ardiendo en deseos de que falle para castigarlo
para justificar la exigencia de una ofrenda
　　　　todos sus sueños inmolados

Una vez todos bien muertos
Dios Padre glorifica el sacrificio
　　　[entre risitas]
con estatuas equinas y bustos de bronce

y vende suvenires envueltos en trapitos de colores
en parques temáticos
a sus orgullosos apóstoles
que ahora sólo llevan sus sueños como llaveros,
evocándolos convertidos en chatarra

La patria no es una madre,
es la letalidad de la ira de un dios herido de muerte

※

Sobre el autor

PS Guilliem nació en 1983 en México, Distrito Federal. Estudió la licenciatura en creación literaria en la Universidad Autónoma de la Ciudad de México y la maestría en literatura aplicada en la Ibero Puebla.

Es miembro de MALA taller y del comité editorial de la colectiva Muerte Súbita.

Es autor de la novela *BigMetra*, Thyrso Editorial, Ciudad de México, 2019.

※

※

※

※

※

※

※

※

※

※

※

2025
Impreso en Buenos Aires,
Buenos Aires Poetry
www.editorialbuenosairespoetry.com